Hernán López de Yanguas

Farsa del mundo

Barcelona **2024**
Linkgua-ediciones.com

Créditos

Título original: Farsa del mundo.

© 2024, Red ediciones S.L.

e-mail: info@linkgua.com

Diseño de cubierta: Michel Mallard.

ISBN rústica: 978-84-9816-256-1.
ISBN ebook: 978-84-9897-829-2.

Cualquier forma de reproducción, distribución, comunicación pública o transformación de esta obra solo puede ser realizada con la autorización de sus titulares, salvo excepción prevista por la ley. Diríjase a CEDRO (Centro Español de Derechos Reprográficos, www.cedro.org) si necesita fotocopiar, escanear o hacer copias digitales de algún fragmento de esta obra.

Sumario

Créditos _____ 4

Brevísima presentación _____ 7
   La vida _____7

Personajes _____ 8

Farsa del mundo _____ 9

Libros a la carta _____ 45

Brevísima presentación

La vida
Hernán Lopez de Yanguas (Soria, c. 1470-1540). España.
Fue maestro y sacerdote. Se le considera el padre literario de los autos sacramentales.

Personajes

El Apetito
El Mundo
La Fe
Ermitaño

Farsa del mundo

Farsa del Mundo y moral, del actor de la Real, que es Fernán López de Yanguas, la qual va dirigida a la yllustre y ansí magnífica señora, la señora doña Juana de Çúñiga, Condesa de Aguilar.

Esta presente drama es nuevamente compuesta por Hernán López de Yanguas sobre este dicho del Apóstol, que dize: Haec est victoria quae vincit mundum, fides nostra; en la qual se introduzen quatro interlocutores: el primero es el mismo Mundo; el segundo es un pastor llamado Apetito; el tercero, un hermitaño; el quarto es la Fe.

Es la intención del auctor magnifestar las cautelas del mundo, cómo engañan a cada uno de nosotros, que se entiende por el Apetito. Junto con esto, cómo por el Ermitaño, que es la predicación e religión, nos arrimamos a la Fe, y con ella le vencemos, como la obra declara. Relátase, en fin, la Asumpción de Nuestra Señora, en la qual ay bien que ver e que no ver, porque no alcanzan los ojos. Acaba con su música concertadamente.

Dirigida a la muy illustre e ansí magnífica señora, la señora doña Juana de Çúñiga, Condesa de Aguilar.

El Mundo se ha de vestir como rey, Apetito como pastor, el Ermitaño como lo es, la Fe como dama e un ramo verde en la mano.

El auctor a quien dirige la obra

        Illustre señora, caudal río sin vados,
        en quien la belleza del mundo se encierra,
        quando Fortuna me tuvo en su tierra
        solían por servilla velar mis cuydados,
        mas desque quisieron sacarme mis hados
        a tierras estrañas, cesó mi exercicio,
        pero aunque sea tarde, no es tarde el servicio:
        resciba estos metros así dedicados.

Comienza Apetito.

Apetito   Apolo conserve tan noble ganado
                y Júpiter alto le guarde de mal,

	Minerva le tenga contino apastado;
	que nunca mis ojos han visto otro tal.
	No alave Tesalia su fresco pradal,
	con éste se callen los bosques ybleos,
	si Dios me cumpliese mis buenos deseos
	yo no haballaría de aquí el calcañal.
(Prosigue.)	¡Hao! ¿Quién quiere un mozo, zagal bien dispuesto,
	que salta, que corre, que bien tira barra
	y pinta sanbugas, rabés e guitarra
	e haze otras cosas allende de aquesto?
	¡Hao! ¿No ay quién me tome en todo este resto?
	Pues, juro a mi vida, que no sé por qué.
	De vero, más buelta de aquésta no dé:
	si alguno me ha gana, respóndame presto.
El Mundo.	
Mundo	Mancebo, mancebo, que buscas el amo:
	acércate, acércate; llega seguro.
Apetito	Si un poco tardaras, de veras te juro,
	que me yva aborrido, más rezio que un gamo.
Mundo	¿Cómo te llamas?
Apetito	Apetito me llamo.
Mundo	Sea en ora buena, que buen nombre tienes,
	e mírame bien, que si te convienes
	tenerte he comigo.
Apetito	No ay cos que más amo.

(Prosigue.)

Mundo   Ya tú, isoncas! sabes mi nombre muy bien,

Apetito   Bien es que me digas, si huelgas, el tuyo.

Mundo   ¿Por qué me lo pides?

Apetito   Porque si concluyo
                                 contigo la yguala, que sepa con quién.

Mundo   Por eso no ayamos, mancebo, desdén,
                                 que a mí dizen Mundo.

Apetito   ¿El Mundo eres tú?
                                 ¡O cuerpo del cuerpo, del non de Jhesú,
                                 ni aún de sus sanctos y sanctas, amén!

(Prosigue.)   ¡Mirá que, mi padre, con quién he topado!,
                                 con quien no se puede dezir sin pasiones.

Mundo   Sí puede. ¿Quién soy?

Apetito   Un trincapiñones,
                                 según todos dizen.

Mundo   Mal te han engañado.

Apetito   Yo no sé, a la mi fe, que aún no te he provado.

Mundo   Pues pruévame agora.

Apetito   No sé si me atreva.

Mundo   Piensa primero que hagas, la prueva;

                        verás si te cumple.

Apetito   Muy bien has hablado.

Apetito, a solas.

                    Pensar quiero a solas un rato comigo,
            antes quel Mundo me tome por mozo;
            yo soy ya mancebo, ya me apunta el bozo.
            No haze... Sí haze... Verdad ipar Dios digo!,
            no tengo pariente, carillo ni amigo
            que den a mi vida manera ni medio
            si yo por mis puños no busco remedio
            bivré malandante, zagal sin abrigo.
(Prosigue.)   Ninguno no nasce tam bien fortunado,
            por bien que Fortuna le trayga en su rueda,
            que en algunos tiempos no gima, o no pueda
            su poco a poquillo, caer de su estado;
            por eso mil vezes y más he pensado
            con nusco mostrarse madrasta Natura,
            pues todas las cosas que engendra procura,
            y nunca del hombre le toca cuydado.
(Prosigue.)   Bien puedo a la clara provar mi intención,
            puesto que en nada despunte de agudo,
            que al hombre, en nasciendo, le dexa desnudo,
            ni nace con capa ni con zamarrón.
            Si nasce un cabrito, ratón o león,
            un llovo, una liebre, un tigre, un camello,
            lu[e]go Natura los cubre de vello,
            y contra Fortuna les da defensión.
(Prosigue.)   A una águila, garza, perdiz o paloma,
            y a todas las aves bolantes, en suma
            luego las cubre, quien digo, de pluma,
            e muy a su cargo las tiene y las toma,

(Prosigue.)

        y porque el invierno, ni el Sol no carcoma
los árboles verdes, con yelos o llamas,
dioles cortezas, y a peces escamas,
con que se defiendan de fuegos y broma.
    Con solos los hombres se muestra profana,
lo qual yo lo puedo muy claro provar:
luego en nasciendo los muestra a llorar,
y desta dolencia muy tarde los sana.
Ninguno no come si bien no lo gana,
puesto que sea chapado garzón.
Yo hallo que tiene Natura razón,
pues no le contenta la gente haragana.
    No sé qué me escoja, yo estoy reperplexo
sobreste negocio con todo mi acuerdo;
ni sé si me gano, ni sé si me pierdo.
¿Bivir con el Mundo o en yrme más lexo?
¿Qué haré si me toma? mas, ¿qué, si le dexo?
¿A dónde yrá el buey que dexe de arar?

Mundo

    ¿No acabas, mancebo?

Apetito

               No puedo acabar,
ques larga la tela que texo e destexo.

(Prosigue.)

    De ti quiero, Mundo, primero, saber,
que me determine, si estás rico o pobre,
para que pierda tu gana o la cobre
con ver qué mercedes me puedes hazer.

Mundo

    Yo alabo, mancebo, tu buen parescer,
e sea como dizes, que yo no repuno,
que nadie no deve servir a ninguno
si para mercedes le falta el poder.

(Prosigue.)

    Mis reynos e fuerzas, vandera e pendón
son tantos y tales, no deves dudar,

	que Oriente e Poniente, con el Setentrión,
	y aun el Merediano tengo a mi mandar.
	Ni ysla, ni fuente, ni monte, ni mar,
	no puede exemirse de mi señorío.
	En fin: yo soy Mundo, y el mundo se es mío.

Apetito   Pues yo determino con ti me quedar.

Mundo   Si rico amo buscas, no puede más ser,
             conosce que puedo mercedes hazerte.

Apetito   ¿Serán duraderas?

Mundo   Sí, hasta la muerte.

Apetito   Pues después de muerto no ay más que querer,
             hagamos la yguala, si dello ás plazer.

Mundo   Pues dime, primero que yo te resciba,
             por quánto te ygualas.

Apetito   Por quanto yo biva.

Mundo   ¡Pues tú eres el mozo que yo he menester!

Apetito   ¡Hao! ¿Qué me darás?

Mundo   Quanto tú quisieres
             e más que tú pidas, verás si te quiero.
             Si quieres riquezas, ganado o dinero,
             si quies pasatiempos, descansos, plazeres;
             si quieres deleytes o amor de mugeres,
             honrras o rentas, que son de mi oficio,
             en todo esto puedes cobrar tu servicio

	si mío te llamares e bien me sirvieres.
Apetito	Tan franco te mu[e]stras que luego concluyo, pues en tus dichos tan cierto paresces de oy adelante llamarme por tuyo.
Mundo	De aquí te rescibo, pues tú lo meresces e porque no pienses que en esto descresces yo quiero que sientas por obra mi gana: hordeno casarte con una mi hermana
Apetito	¡Par Dios, nuestramo, muy mucho me ofresces!
Mundo	Haré lo que digo, sin más dilatar, no pienses ser vanos mis ofrescimentos: ¿nunca has o_do que los casamientos ventura son todos, en cada lugar?
Apetito	Sí, más de tres vezes lo ui relatar, mas siendo yo un rústico e pobre pastor casado con dama de mucho primor, ni sabré servilla, ni abrá qué le dar.
Mundo	De aqueso no tengas congoxa ninguna, que quien a su hermana te junta por suerte, pensamiento tiene de favorescerte, pues tiene a su mano la misma Fortuna.
Apetito	Di, ¡hao! ¿tienes muchas?
Mundo	No tengo más duna.
Apetito	Juro a mi vida que m[e] ás allegrado, que yo determino de ser tu cuñado,

                pues no veo para ello razón que repuna.
                ¿Qué tal es la moza?

Mundo   Es dama de gala,
                la más agraciada que nunca se vio.

Apetito   ¡Por sancto sant Pego! que ya ravio yo
                por vella y tenella, con mí, la zagala.
                ¿Llámase a caso Benita o Pascuala?

Mundo   No, sino Venus, la muy elegante.

Apetito   ¡O, quién la viese y tuviese delante!

Mundo   Verásla más fresca que Juno ni Pala.

Apetito   Asido me tiene por estas entrañas
                el mucho caricio que tengo de vella;
                a ti quiero mucho, ya, Mundo, por ella.

Mundo   Pues ¿qué será desque conozcas sus mañas?

Apetito   Mercedes rescibo de ti tan estrañas
                que nunca se aparte de mí tu memoria.

Mundo   Al fin, pues, cuñado, se canta la Gloria.

Apetito   Yo agora la canto, si tu no te ensañas.

Mundo   Tú, di: ¿estás contento con mi compañía
                y con el concierto que está concertado?

Apetito   Estoy tan contento, tam bien fortunado
                que apenas las gracias chaparte sabría;

	fue más que dichosa la ventura mía
en esta floresta toparme contigo.
Mundo	A quien Dios bien quiere, si miras, amigo,
la casa le sabe de noche y de día.
Apetito	Sola una cosa me causa congoxa.
Mundo	Pues dímela hermano, no tengas cuydado.
Apetito	Es que quisiera yr bien repicado
para la vista primera de amiga.
Mundo	La mucha razón que tienes me obliga
a que provea tus faltas y afán:
toma dineros y ponte galán.
Apetito	Beso tus manos, no sé qué más diga.
Mundo	Pues vete en buenora, desecha ese trage,
muda si puedes las obras y ley,
acuérdate que eres cuñado de rey,
que es más que contino, ni amigo ni paje.
Apetito	Yo quiero, a la mi fe, cumplir tu mensage;
dexar esta capa, dexar el zurrón:
espérame aquí.
Mundo	Tú tienes razón,
así será hecho.
Apetito	Yo voy mi vïaje.
El Mundo, a solas.	No ay ave de caza que prenda mejor

ni tenga las uñas que yo más agudas,
ni dexo personas discretas ni rudas
que a todas no prendo de un mismo tenor.
¡Quán presto [é] enlaviado aqueste pastor,
haziendo promesas tan mal verdaderas!
Por muy cierto tiene que son muy de veras
¡O, nescio insipiente, brutal y peor!

(Prosigue.)

    Que puesto que lo que prometo le diese
honrras dineros e quanto ay acá,
al fin no vee el bovo que todo se va
y nunca ovo cosa que no pereciese.
Yo hallo de cierto que, por interese,
de lo que de mí se le puede seguir,
ni tiene memoria que se ha de morir
ni piensa que ay Dios a quien se confiese.

    Aquellos que hazen comigo el asiento
sola una cosa les suele engañar:
que piensan que siempre les ha de durar
mi conversación e contentamiento.
Mil vezes me río de ver cómo miento,
con nadie cumpliendo contrato jamás;
a todos engaño por este compás
y nunca conoscen mis cosas ser viento.

Compara.

    Si en alguna parte ladrones saltean
como del monte Torozos relatan,
los que lo saben muy bien se recatan
e contra los tales de armas se arrean.
Si el paso es forzado, con ellos guerrean,
o no les cometen, por vellos armados,
e pasan seguros, a pasos tirados,
o, si los cometen, al menos pelean.

Aplica.

                    En esto conozco imensa potencia,
                    que, puesto que saben que robo y salteo,
                    muy pocos armados encuentro ni veo,
                    que a mi querer quieran poner resistencia.
                    La salva me hazen con gran reverencia:
                    «¡Gózate, Mundo, que gran señor eres
                    señor de los hombres, señor de mugeres!».
                    Con mí huelgan todos entrar en pendencia.

(Prosigue.)   ¿Quántos y quántas avré yo pescado
                    con estos anzuelos de bienes mundanos?
                    Meten en ellos tan rezio las manos
                    que de lo más cierto no tienen cuydado:
                    el rey del infierno aumenta su estado
                    con mis servidores, al qual los embío:
                    lo que de mí llevan es todo roscío
                    y, al fin, van al centro que no tiene vado.

La hermana del Mundo es la Carne.

                    Aquesta mi hermana, que a todos prometo,
                    es tan potente por todas las partes,
                    que, con sus requiebros, sus formas, sus artes,
                    ninguno se escapa de ser su subjecto.
                    Al más retra_do, tranquilo e quieto,
                    por fas o por nefas el seso le troca;
                    aquel que su yerva le prende o le toca,
                    luego le haze a sí muy aceto.
                    Con este lanudo de agora lo pruevo,
                    que nunca en su vida por dicha la vio
                    e solo del nombre ansí se prendió
                    como el pescado se prende con cebo.

                    Verná norabuena, vestido de nuebo,
a ver a su dama con ropa de Pascua.
Si supiese el nescio cómo quema el ascua
ternía por mejores las migas en sevo.

Apetito va diziendo esto a solas.

                    ¿Quánto yo nunca jamás merescí
bien tan sobrado y tan fuera de quicios?
¿Quándo yo hize al Mundo servicios
por do tanta cuenta hiziese de mí?
En toda mi vida señor conoscí
que diese señales de tan liberal;
a muchos he visto que dizen dél mal
e no conosciendo le infaman ansí.

(Prosigue.)   ¡Con qué regozijo, después que me vio
holgó de por suyo, a desora, tomarme,
y quiso su estado también recontarme,
puesto que, en suma, la cuenta me dio!
¡En quántas maneras se me combidó
pagarme el servicio de mi trabajar!
Y, en fin de razones, por más me obligar,
¡a Venus su hermana me reprometió!
    Sintiendo mis faltas, suplió mi pobreza,
diome con que le tornase chapado,
que ¡juro a mi vida!, con lo que me ha dado,
entiendo pararme de gran gentileza.
Poder ¡soncas! muestra su huerte nobreza,
para hazerme señor en un año...
mas ¿quién es aquéste? Parece hermitaño
que tiene gayata y aun libro en que reza.

Apetito   Llegar quiero allá.

Ermitaño	Deo gracias, hermano.
Apetito	¿Qué hazéys aquí, padre?
Ermitaño	Servir a mi Dios, rogalle que siempre se acuerde de nós, porque es este mundo falaz y muy vano.
Apetito	No faltará, padre, quios vaya a la mano si en vuestras razones no ay más cortesía.
Ermitaño	Por cierto pastor, quien más en él fía aquél tengo yo por muy más liviano.
Apetito	A buena fe, padre, según yo recelo, si más miel no echáys en vuestras razones que cuydo que andemos a los cabezones, y, aun antes de toste, lleguemos al pelo.
Ermitaño	¡Jhesús, tentación! ¿No ay Dios en el cielo que sabe que digo perfecta verdad?
Apetito	Juro a sant Pabro, quizás doñ abad, si n[o] os hemendáys con mí tenéys duelo.
Ermitaño	¿Quién eres, que quieres con tanta eficacia con mí, por el Mundo, ponerte en conflicto?
Apetito	Sabéys, padre, quién: yo soy Apetito.
Ermitaño	¿Prendido te ha el Mundo con qualque falacia?
Apetito	Vos no queréys isoncas! que estemos en gracia.

Ermitaño	No si defiendes tamaño ladrón.
Apetito	¡Par Dios! No se escusa que ayamos qüistión.
Ermitaño	Despide tu furia, reposa y espacia. Entremos, hermano, por camino recto: ¿por qué con el Mundo tan gran amor tienes?
Apetito	Porque ha prometido de darme mil bienes.
Ermitaño	Mal has conoscido su falso respecto.
Apetito	De vero, yo «entruejo» que nunca su aspecto miraron tus ojos, según que porfías.
Ermitaño	Muy bien le conozco, más ha de tres días, y si le siguieres serás mal discreto.
Apetito	Tenemos entrambos ya hecha avenenecia; hame ya hecho muy grandes mercedes...
Ermitaño	No son mercedes, pastor, sino redes, con que te püeda robar la conciencia. Mira que a otros de más suficiencia á el Mundo engañado que sean sus sequazes: avísote, hermano, que tiene dos haces; no des a sus dichos ninguna creencia.
Exemplos.	
	El Magno Alexandre se anduvo em pos dél, y César Augusto, que fueron monarcas, y fueron señores de quantas comarcas en mares e tierras se hallan en él.

(Prosigue.)	Pensaron que siempre quedarse con él, mas, desque les dio tamaños ditados, vino la Muerte; quedaron burlados: yo quiero que juzgues si a ti será fiel. No quiero dezirte del rey Salomón por no darte pena con prolixidad.
Apetito	Dímelo, padre, que la brevedad, podría ser dañosa sobre esta qüistión.
Ermitaño	Aqueste que digo, fue un sabio varón, y el Mundo le andava sirviendo contino.
Apetito	¿Con qué le servía?
Ermitaño	Con mucho oro fino y plata y metales sin comparación. Diole gran copia de esclavos sirvientes, camellos e vacas, ovejas, cavallos; hízole rey de imensos vasallos, que fueron los doze linajes de gentes. Diole piscinas, jardines y fuentes, con otros presentes de gran cantidad. Después de provado, vio ser cegüedad y dixo mil males de sus acidentes. Con todo esto, siempre la cara oportuna le mostrava el Mundo, por más contentallo.
Apetito	¿Pues qué razón tuvo de ansí difamallo? Yo no la barrunto ni siento ninguna.
Ermitaño	Él mismo dezía la causa ser una, la qual repitía por clara verdad: dezía que era todo muy gran vanidad,

        el Mundo e las cosas que dava Fortuna.
          Próva[va]lo hermano de aquesta manera,
        dezía que la cosa que mengua e que cresce
        que nasce y se seca y siempre envegesce,
        que nadie la tenga por muy duradera;
        quien sigue a perdido, perdido se espera;
        el Mundo contino se pierde e se va:
        si alguna cosilla promete o nos da,
        aun hasta la muerte no dura siquiera.

Apetito
          Pues, ¡pese a sant Polo! ¿Qué quiero yo más
        de mientra que bivo tener buen arrimo?
        Después que me muera, pardiós, no le estimo
        al Mundo en el juego del tres, dos y as.

Ermitaño
          No llevas, amigo, derecho compás:
        torna en tu seso, que tienes muy poco.

Apetito
          En fin de razones, ¿dezís que soy loco?

Ermitaño
          Sí, si la vida sirviendo le das.
          Biviendo le dexa, tú, poco a poquito,

Apetito
          Y, después de muerto, ¿no bastará, di?

Ermitaño
          No, porque entonces él te dexa a ti,
        y no es en tu mano huyr del delito.
        Biviendo, este Mundo dexó sant Benito,
        biviendo Bernardo, Gregorio, Gostín,
        y desta manera hizieron buen fin,
        teniendo en el cielo los ojos de hito.

Enxemplos de otros que le siguieron.

	El gran Aníbal, feroz africano,
	por él rescibió mortales reveses,
	y Breno, caudillo de tantos franceses,
	quedóse sin ellos por él en un llano.
	¡Pues qué! De Pompeyo que dizen el Mahno
	y Julio, su suegro, podría relatarte,
	siguiendo sus formas, siguiendo su arte,
	perdieron las almas y cuerpos, hermano.
Apetito	Que aquésos burlase no es gran maravilla,
	que ninguno dellos estava privado
	así como yo, que estoy desposado
	con Venus, que el Mundo la llama «Carilla».
Ermitaño	¿Aquí os ha echado la albarda y la silla,
	con esa que piensas que es sola tu esposa?
	¡Apártate della, que es muy peligrosa,
	no quieras mentalla, ni vella ni o_lla.
Apetito	Según de tus dichos se me ha traso_do,
	si bien mi mollera los gusta y entiende;
	¿dizes quel Mundo su Carilla vende
	como si fuese muger del partido?
Ermitaño	Plázeme, hermano, que me has entendido.
Apetito	¡Mi fe! Yo, padre, no puedo creello.
Ermitaño	Abiva las mientes, si quieres sabello
	contarte [é] de algunos que la han pose_do.
	Ella en sus brasas y llamas y fuego
	quemó a Salomón, Sansón y David;
	perdióse Olophernes por ella en la lid,
	y a mil avisados ha hecho matiegos.

Por ella tuvieron pendencia los griegos
con los animosos y nobles troyanos;
por ella perdieron los reyes romanos
la silla real, de su furor ciegos.

Apetito
¡Dola al diabro, si tal es la chata!
¡Pardiós que son nuevas aquesas donicas!
Si verdad es eso que, padre, pedricas,
de vero yo h[e] echo sotil la barata.

Ermitaño
Si estás en la cuenta, remira y recata,
no te embauques ni cures más della.

Apetito
¡Que yo te prometo, de en mi vida vella,
ni por su servicio mudar pie ni pata!

Ermitaño
Pues otras hermanas mantiene sin ésta,
que suelen las armas llevar con que él lidia:
Yra, Sobervia, Pereza y Embidia,
Avaricia e Gula.

Apetito
¡Sotil es la resta!
Si con cada qual a tantos encesta
como con Venus nombraste encestados
ia hotas! no falten al Mundo cuñados:
será presidente de toda la Mesta.

Ermitaño
Con esta Sobervia, pastor, encestó
el ángel más alto questava en el cielo,
e hasta el abismo le traxo del buelo,
con otros mil cuentos que cabe él halló;
la Gula con muchos la casa e casó.

Apetito
Sey cierto que nunca le falten maridos.

Ermitaño	Pues los que Avaricia se tiene prendidos,
	Dios se lo sabe, pastor, que no yo.
(Prosigue.)	De Yra e Pereza no quiero contar,
	ni menos de Imbidia.
Apetito	Di, padre, ¿por qué?
Ermitaño	Porque traen tantos cadenas al pie
	que es cosa imposible jamás acabar,
	e sabe una cosa, que es bien de notar,
	para que sepas huyr de su brete:
	que a todos con todas continuo acomete
	y a muchos con todas los haze casar.
Apetito	Pues dime ora, padre, si tú lo barruntas:
	el Mundo ¿qué gana parando tranquillas,
	hiziendo promesas, casando carillas,
	con altos y baxos trabando repuntas?
Ermitaño	Las sabias, sotiles y agudas preguntas,
	siempre requieren discreta salida:
	está pues, atento, si quies, por tu vida:
	sabrás el secreto de aqueso que apuntas.
	El Mundo se sabe que es perescedero
	y tiene un hermano, llamado Plutón,
	señor del infierno, do no ay redempción
	por oro ni plata, valer ni dinero.
	El Mundo no cura de Dios verdadero,
	antes sus cosas son todas muy viles:
	quiere por artes y mañas sotiles
	hazer al dïablo perpetuo heredero.
(Prosigue.)	Ciega los ojos del conoscimiento
	con vienes caducos e sensualidades,

                ceva los hombres con mil vanidades,
                y olvidan el alto y divino aposento;
                házelos luego venir a su viento,
                y quando más piensan que privan con él,
                viene la Muerte, terrible, cruel:
                da con sus almas en grande tormento.

Apetito   Enséñame, padre, tú, agora la vía
                cómo me libre de aqueste mal Mundo.

Ermitaño   Pues nota tú, hermano, muy bien lo que fundo,
                verás si te sueltas de su compañía.
                Arrímate luego con buena porfía
                a quien más le vence, que es Fe, según Pablo,
                la qual da de coces tam bién al dïablo
                que nadie se pierde, que en ella confía.

Apetito   ¿Podríamosla, padre, por dicha topar,
                que tengo ya pena por verme con ella?

Ermitaño   Yo pienso por cierto que cerca estás della,
                que aquí suele siempre bivir y morar:
                por tu provecho la quiero llamar.

Apetito   Merced me harás.

Ermitaño   ¡Fe, Fe!

La Fe   ¿Quien me llama?

Ermitaño   Un servidor tuyo que mucho te adama,
                que quiere, si mandas, contigo hablar.

La Fe   Sea paz con vosotros.

Ermitaño	Bien vengas, Pandora,
	escala que subes los hombres al cielo
	nave del puerto de nuestro consuelo,
	de inmensos secretos real sabidora.
Apetito	También yo deseo hablaros, señora.
La Fe	Quanto quisieres.
Apetito	En nombre de Dios,
	yo vengo, a la mía fe, [a] andarme con vos,
	sabida la gracia del bien que en vos mora.
La Fe	¿Quién eres, amigo?
Apetito	Yo soy un zagal
	que el Mundo me tiene muy mal engañado,
	e de sus cautelas he sido avisado
	de aqueste hermitaño, tu amigo leal.
	Yo, imie fe!, no busco servir mayoral
	de buenas entradas e malas salidas.
La Fe	En buen tiempo acuerdas, si agora lo olvidas;
	yo pienso que nunca pudiera ser tal.
Apetito	El padre me ha dicho de ti mucho bien,
	que al cielo te subes bolando e te baxas,
	e a tus servidores allá los encaxas
	en aquellas cumbres de Jerusalem:
	de aquí, te suplico, por tuyo me ten,
	pues en tu nobleza tan fuerte confío.
La Fe	Que yo te rescibo e abrazo por mío.

Apetito	¡O, nunca en la tierra perezcas! ¡Amén!
Ermitaño	En pocas palabras ás bien negociado con esta señora tus hechos asaz. Fe ¡Anda, ve e buélvele al Mundo la faz e dile mil menguas con ánimo osado! Si más te promete, no tengas cuydado; dirás que eres mío, verás si desmaya.
Apetito	Pues ruégo[o]s a entrambos que nadie se vaya de mientra yo voy.
La Fe	Que sea tu mandado.

Apetito buelve al Mundo e dize.

Apetito	Acá buelvo al Mundo. ¡Variable mintroso! ¡Infame, matrero! ¡Discorde, malino! ¡Perverso alacrán! ¡Falaz serpentino! ¡Conciertacuydados! ¡Prometereposo! ¡O, llobo sangriento, lladrón muy mañoso, lanzado me avías contigo en tu juego! ¡Una e mil vezes de ti derreniego, de miedo no digas después que no oso!
Mundo	¿Qué es esto, cuñado, tal mal te ás comigo?
Apetito	¿Cuñado o qué que? ¡Tomá para vos! Soys un traydor, enemigo de Dios, la Fe me lo ha dicho, por eso lo digo.
Mundo	Detente ora un poco...

Apetito	¡Toma estotro higo!
Mundo	¡O, Fe, cómo sola me vences e dañas! Mira, Apetito...
Apetito	¿Qué trampas apañas?
Mundo	Darte [é] dominio sobrestos que sigo. Haré que en ell Asia te sirvan los cithas, vithinios y medos, armenios, caspianos, y los masaguetas, híberos, hircanos, con las amazonas de tetas atritas. Sírvante murranos y seres, corsitas, arábicos, persas, troyanos y ticios meóticos fieros, panfios, cilicios sármatas, pontos y babilonitas.
(Prosigue.)	Darte [é] en la Libia mémidas, nigrantes, con los egipanes e los trogloditas; ternás so tu mano, si no te me quitas, los corineos con los gamfasantes; ternás más, egipcios con los garamantes, gétulos e blemios, atalantes, fenizes.
Apetito	Todo es por demás, aqueso que dizes: ¡a otros, a otros con esas hablitas!
Mundo	¡Óyeme, hermano!
Apetito	¡Quedaos para loco, que nunca en mi vida tu amigo seré!
Mundo	¡O, Fe, mi contraria! ¡O, Fe, Fe, Fe, Fe! ¡Cómo me vences y tienes en poco! Las artes que trayo, los cambios que troco,

tú las descubres, y dizes mis males,
tú apartas a muchos de mis serviciales
de aquellas promesas con que los provoco.
   Y dado que ha poco que yo me jactava
que con mis engaños y vano favor
quera de todos y todas señor,
e con aquel bruto pastor lo provava,
agora confieso que me desmandava,
que muchos he visto, mis contradictores
los quales an sido por Fe vencedores
de quantas cautelas yo uso y usava.
   Aquellos que siempre de Fe se an vestido
jamás he podido que sean mis vasallos,
ni me ha aprovechado jamás lisongeallos,
ni dalles ditado, ni quanto an querido:
por ella me tienen del todo aborrido
e contra mis tiros y formas bariables
están tan costantes, tan fixos y estables
que aunque los sirvo yo soy deservido.
   Si bienes les doy, a Dios los ofrescen,
si estados famosos, a Dios dan las gracias.
Conoscen mis cosas ser vanas y lacias
e a ellas y a mí contino aborrescen.
Ni honrras ni rentas los ensovervescen,
ni adversa Fortuna les haze señal,
ygual cara muestran al bien como al mal
e siempre en las cosas divinas florescen.
   Hazen castillo de biva Prudencia,
e en él se recogen; con mucha Justicia
no temen combate, que, de mi milicia,
si tira Fortuna, resiste Pasciencia.
Están en el libro de sancta Consciencia
contino leyendo con ojos del alma;
mi fuerza no basta [a] ponellos en calma,

(Prosigue.)   por donde perdiesen tan gran excelencia.
                  No oso de puro corrido tentallos,
                  viendo quán poco mis fuerzas estiman
                  e veo que los fieles [que] a la Fe se arriman
                  a coces me tratan, e temo mirallos.
                  ¡O, Fe, cómo sabes tam bien animallos!
                  ¡O, Fe, que no puedo con ti yo medrar,
                  ni donde tu fama se puede sembrar
                  no me aprovechan lisonjas ni rallos!
                      ¡Sus, sus! Yo me parto de entrestas quadrillas,
                  pues ya los pastores se burlan de mí,
                  no cumple mis artes sembrarlas aquí,
                  ni andar prometiendo mis siete carillas.
                  Voyme para otras ciudades y villas,
                  a donde yo pueda doblar mis caudales,
                  que aquí la Fe muestra tan claras señales
                  que son por de más mis falsas tranquillas.

Vase el Mundo y buelve Apetito.

Apetito   Ya es hecho, señora, lo que me mandaste,
                  con claras razones, no nada encubiertas.

La Fe   ¿Pues qué te respuso?

Apetito   Hazía mil profertas,
                  mas no aprovecharon con dalles contraste.

Ermitaño   El tiempo que resta, señora, se gaste,
                  en darnos la cuenta, si a ti, Fe, te agrada:
                  ¿Oy, dónde ás estado contino ocupada,
                  que no ás parescido? y aquesto nos baste.

La Fe   Razón es de daros la cuenta perfecta

                        de aquesa demanda, ques algo sabrosa.

Apetito   ¡A hotas! Yo juro que no ha estado ociosa,
                        ni en cosa que fuese no justa ni recta.

La Fe   Estad ora atentos, con alma discreta,
                        sabréys bien la causa de mi ocupación.

Ermitaño   Comienza, señora, que nuestra atención
                        a quanto dixeres está muy acepta.

La Fe   El cielo oy á hecho solén procesión
                        por la Virgen Madre de Quien lo crió,
                        la más esmerada que nunca se vio,
                        muy fuera de todas en comparación.

Ermitaño   ¿Qué causa ha tenido de hazer novación?

La Fe   Porque oy ha subido la Virgen y Madre
                        a do está su Hijo, su Esposo e su Padre.

Apetito   Rellátanos algo, Fe, desa Asumpción.

La Fe dize la Asumpción cómo fue.

La Fe   Costumbre es provada de la senetud
                        venir las más vezes cargada de males,
                        cubierta de rugas y canas mortales,
                        en todo contraria de la jubentud,
                        los miembros acorva, destierra salud,
                        suele a los ojos privar de la vista,
                        y los que padescen aquesta conquista
                        no pueden perfecta tener su virtud.
                            Mas porque la Madre de Dios infinito,

sancta en la vida y en su nascimiento
no padesciese tamaño tormento
en su cuerpo sancto, precioso, bendito,
y para libralla de todo conflicto
e ya coronalla por reyna del cielo
subióla su Hijo del mísero suelo
con músicas dulces.

Apetito	¿Avía garapito?
La Fe	Avía cient mil cuentos y más tañedores,

ángeles lindos, excelsos decoros,
muy concertados, por orden a coros,
tañendo canciones de ricos primores;
tra_an instrumentos de ricas lavores
órganos, harpas, dulzainas sotiles,
e mil formas otras de más menestriles,
altos y baxos, medianos, mayores.

(Prosigue.)   Delante de todos en este misterio
yva el propheta David excelente,
tañendo su sancto e divino salterio
y con tanta dulzura que no ay quién lo cuente;
venía gran tropel de su misma gente,
con mucho concierto detrás de sus plantas,
diziendo: «Ven, Virgen, la flor de las sanctas,
que el cielo te espera con cara riente».
Sonava otro coro, de bozes süaves,
angélicas todas, que al cielo subían,
y con su armonía, sentí que dezían:
«Ascende, pues tienes del cielo las llaves».
Yva la Virgen, con sus ojos graves,
en trono imperial, subiendo e mirava
las cosas que baxo de sí ya dexava,
hendiendo el camino que es dado a las aves.

Mirava de hito la compasïón
del orbe mundano compuesto por Dios
e cómo la masa e primero chaos
estava sin punto de su confusión;
mirava los cuerpos que acá [a]baxo son,
cómo tenían diversas figuras;
sintía que el pintor de aquellas pinturas
era su Hijo, de gran perfeción.
   Notava el concierto de los elementos,
cómo en el centro la tierra yazía,
y ell agua en contorno la tierra ceñía,
e all agua cercaban, girando, los vientos;
juzgava que el fuego tenía sus asientos
sobre los ayres, y entre ellos no guerra
vio estar a los hombres subjecta la tierra,
ell ayre a las aves, los pesces en lentos.
   Alzó más los ojos la Virgen ufana,
ya que llegava a la espera primera,
e vio que la Luna, con clara lumbrera,
salió a rescebilla de muy buena gana.
Mostróse jocunda, muy llena, no vana,
e luego se puso devaxo sus pies.
Notó que girava su curso en un mes
e supo la causa muy cierta do mana.
   Partióse la Virgen del orbe lunar,
sintiólo Mercurio, segundo planeta,
oyó las canciones del sancto propheta
e los menestriles de lexos sonar.
Dexó su bastón, comienza a cantar
con bozes muy altas, diziendo: «Subid:
de aquesta mi casa, señora, os servid,
si en ella queréys un rato posar».
   La ínclita Virgen se lo agradesció
e fue prosiguiendo su sancta carrera.

Ya que llegava a la espera tercera,
Venus las bozes e música oyó:
de mucha vergüenza su gesto ascondió,
que no conformavan sus obras con ella;
no hizo la Virgen ningún caso della,
e al círculo quarto derecha pasó.
  El Sol talayava, que no se dormía,
que ya la avía visto de lexos subir,
e lu[e]go en llegando le hizo vestir
un manto del lustre que acá nos embía.
Paróse la Virgen, con su compañía,
miró el Zodiaco, con sus doze signos;
vio sus influencias, notó sus caminos,
puesto que de antes muy bien lo sabía.

(Prosigue.)   Partióse en su trono real asentada,
con mil consonancias e dulces cantares;
vase al cerco, derecha, de Mares,
que haze su asiento en la quinta morada.
Oyó la armonía muy bien acordada
e dexa las armas que viste en pelea:
hizo de oliva muy presto librea,
e luego apareja muy bien su posada.
  En este comedio, la ninfa llegó,
y, en viéndola, Mares hincó las rodillas;
turvóse de ver tan santas quadrillas,
angélicas todas, que nunca las vio.
Háblole la Virgen y luego boló
derecha a la casa de Júpiter sesta,
el qual, desque vido la gente y la fiesta,
con un personaje sin son se quedó.
  Llegando la Virgen en esta sazón,
Júpiter luego postróse a desora,
diziendo: «Reyna del cielo y señora
reposad un poco en mi habitación,

        que, puesto que sea muy pobre el mesón
        para tan alta y real magestad,
        tomad lo vivo de mi voluntad;
        si falta ay en casa meresco perdón».
          Diole las gracias de su ofrecimiento,
        a Júpiter claro la Virgen prudente,
        y luego, de presto, pasóse al presente,
        a donde Saturno tenía su aposento.
        Desque él venir vio tan sancto convento,
        arroja la hoz y a bozes dezía:
        «Subid, Virgen Madre, bendita María,
        dechado de todas, hazed aquí asiento».

(Prosigue.)   No quiso la Virgen poner en cuydado
        al viejo Saturno, planeta seteno,
        pasó por su cielo mejor que yo ordeno,
        al octavo polo, que es cielo estrellado.
        Después que lo vio, tam bien adornado,
        de tantos luzeros illustres y estrellas
        detúvose un poco, no más de por vellas,
        de grado mirándolas todas en grado.
          Mirava el Carnero, con roxo vellón
        y el Toro de Europa, con cuernos dorados,
        e a Cástor e Pólux, muy bien conformados,
        e al Cáncer que estava delante el León;
        a Virgo mirava, e al fiero Escorpión,
        a Libra, Centauro con el Capricornio,
        Aquario e los Pezes andar en contorno
        por su Zodiaco, torcido cintón.
          Mirava las Hyadas y Siete Cabrillas,
        entrambos los Canes, y el Cisne e Dragones,
        la Lira de Orfeo, tañendo mil sones,
        con otras estrellas que no sé dezillas.

Apetito   ¡Qué huerte descanso rescibo en o_llas!

La Fe	Mil otras mirava, sin las que yo narro;
	notava las Osas, que están cabe el Carro,
	y entrambos los Polos tener quedas sillas.
	Notó cómo aquéllos jamás se mudavan,
	el uno en ell Austro, ell otro en Borrea,
	e vio que sobre éstos el cielo boltea,
	y cómo las otras esperas andavan.
	Vio las estrellas que fixas estavan,
	muy engastadas en su firmamento.
	Después de miradas las cosas que cuento,
	mil músicas dulces los ángeles davan.
(Prosigue.)	Subióse la Virgen, con rostro benino
	del cielo estrellado, que mucho miró
	y en muy poco tiempo bolando llegó
	al nono, que suelen llamar christalino;
	después de revisto, siguió su camino
	al décimo cielo, que llaman empirio,
	más fresca que rosas, ni flores de lirio
	do estava su Hijo, precioso, divino.
	Salieron los coros en sus procesiones,
	al rescebimiento muy bien ordenados,
	Virtudes, Poderes, y los Principados,
	Arcángeles, Tronos e Dominaciones,
	avía cient mil cuentos, y más de invenciones,
	inventas por mano de los Serafines,
	otras por seso de los Cherubines,
	Arcángeles, Tronos y Dominaciones.
	El gran consistorio de la Trinidad,
	con ver a la Virgen mostró regozijo,
	y luego, a desora su ínclito Hijo,
	habló desta suerte, con suma bondad:
	«Venid, Virgen Madre, venid y llegad,
	gozad de la gloria que ansí merescistes,

　　　　　　　　　pues vos de lebrea mortal me vestistes
　　　　　　　　　yo quiero vestiros de inmortalidad».
　　　　　　　　　　Desque estas razones el Hijo acabó
　　　　　　　　　mostrando semblantes de mucha alegría
　　　　　　　　　la Virgen preciosa, bendita María,
　　　　　　　　　a la Magestad real se enclinó.
　　　　　　　　　El Padre infinito sentar la mandó,
　　　　　　　　　en silla imperial, según su persona,
　　　　　　　　　el Hijo le puso de reyna corona,
　　　　　　　　　el Espíritu Sancto el cetro le dio.
　　　　　　　　　　Veys aquí hermanos en que m[e] é ocupado
　　　　　　　　　todo este día solén hasta agora:
　　　　　　　　　en yr con aquesta sagrada señora
　　　　　　　　　fasta el lugar que os he recontado.

Apetito　　　　　　¡A hotas! Yo juro, que te ayas holgado,
　　　　　　　　　pues yvas al lado de tal compañía.

La Fe　　　　　　　Ya puedes juzgar mi inmensa alegría,
　　　　　　　　　si pudo ser otra jamás en tal grado.

Ermitaño　　　　　　Después que te viste en tan alto lugar,
　　　　　　　　　cathólica Fe, con tanto deporte,
　　　　　　　　　di en qué te ocupavas.

La Fe　　　　　　　　　　　　　Mirava la corte.

Ermitaño　　　　　　Por cierto que oviese muy bien qué mirar.

Apetito　　　　　　Agora te quiero yo, Fe preguntar,
　　　　　　　　　pues todo lo sabes y todo lo viste,
　　　　　　　　　si alguien destas tierras allá conosciste.

La Fe　　　　　　　Vi tantos que no se podrían numerar.

                Entre los quales estava tr[i]unfando,
en muy rica silla, cubierto de gloria
aquel que entre moros sembró mi memoria,
el muy serenísimo rey don Fernando,
y vi cómo estava con él platicando
la ínclita reyna sin par, Ysabel.

Apetito   ¿En qué platicavan?

La Fe   En plática fiel,
de cómo reynaron y estavan reynando.
    Jactávanse desto que agora diré,
entrambos do estavan, con rostro jocundo,
que avían siempre dado de cosces al Mundo,
poniendo entre infieles vandera de fe,
y entre otras razones que dellos noté,
las quales son tantas que no acabaría,
dixeron que Carlos, su nieto, sería
aquél que en ell Asia más señas pornié.

Ermitaño   Yo tal cosa creo sin dubda ninguna,
que con su favor tu nombre resuene
en todas las partes que el orbe en sí tiene,
por muy enemiga que sea la Fortuna.

Apetito   Hagamos ya tiempo, que sale la Luna,
que ha rato questamos aquí razonando.

La Fe   Bien dizes, hermano.

Apetito   Pues vamos cantando,
que todos tenemos razón oportuna.

Ermitaño   Pues, sea como dizes; ¡Sus, alto cantemos!

	Entona tú, Fe, con dulce armonía.
Apetito	Alto, pues, alto; tú, Fe, danos guía, que em pos de tu rastro nosotros yremos.
Ermitaño	Si tú nos entonas, jamás herraremos.
La Fe	Yo quiero entonaros; di, padre, el tenor; dirás tú, Apetito, la contramayor; dexadme a mí el tiple.
Apetito	Pues, isus!, comencemos.

Villancico.

      Pues este mundo acarrea
pesares tristes e daños
huyamos de sus engaños.

Cabo

      Ganemos en este suelo,
con arte de bien bivir,
cómo podamos subir
sin impedimento al cielo;
tengamos con Dios el zelo
e con sus bienes estraños
y no temeremos daños.
Llevemos la Fe por guía,
que sabe bien el camino,
con la qual, con muy buen tino,
no herraremos la vía;
el mundo con su porfía
es causa de graves daños:
huyamos de sus engaños.

Fin de la farsa

Libros a la carta

A la carta es un servicio especializado para
empresas,
librerías,
bibliotecas,
editoriales
y centros de enseñanza;
y permite confeccionar libros que, por su formato y concepción, sirven a los propósitos más específicos de estas instituciones.
Las empresas nos encargan ediciones personalizadas para marketing editorial o para regalos institucionales. Y los interesados solicitan, a título personal, ediciones antiguas, o no disponibles en el mercado; y las acompañan con notas y comentarios críticos.
Las ediciones tienen como apoyo un libro de estilo con todo tipo de referencias sobre los criterios de tratamiento tipográfico aplicados a nuestros libros que puede ser consultado en Linkgua-ediciones.com.
Linkgua edita por encargo diferentes versiones de una misma obra con distintos tratamientos ortotipográficos (actualizaciones de carácter divulgativo de un clásico, o versiones estrictamente fieles a la edición original de referencia).
Este servicio de ediciones a la carta le permitirá, si usted se dedica a la enseñanza, tener una forma de hacer pública su interpretación de un texto y, sobre una versión digitalizada «base», usted podrá introducir interpretaciones del texto fuente. Es un tópico que los profesores denuncien en clase los desmanes de una edición, o vayan comentando errores de interpretación de un texto y esta es una solución útil a esa necesidad del mundo académico.
Asimismo publicamos de manera sistemática, en un mismo catálogo, tesis doctorales y actas de congresos académicos, que son distribuidas a través de nuestra Web.
El servicio de «libros a la carta» funciona de dos formas.
1. Tenemos un fondo de libros digitalizados que usted puede personalizar en tiradas de al menos cinco ejemplares. Estas personalizaciones pueden

ser de todo tipo: añadir notas de clase para uso de un grupo de estudiantes, introducir logos corporativos para uso con fines de marketing empresarial, etc. etc.

2. Buscamos libros descatalogados de otras editoriales y los reeditamos en tiradas cortas a petición de un cliente.